GW01326091

Lo Spagnolo Facile: Proverbi e Modi di Dire (Refranes y Modismos)

Andrea Conti

2013-23 © Andrea Conti. Tutti i diritti riservati.
Prima edizione : 2013

8) A quien madruga, Dios le ayuda.

El que madruga coge agua clara.

Il mattino ha l'oro in bocca.

<u>Letteralmente</u>: Chi si alza presto la mattina, Dio lo aiuta. Chi si alza presto, becca l'acqua pulita.

9) A rey muerto, rey puesto.

Morto un papa se ne fa un altro.

10) Al hierro candente, batirlo de repente.

Battere il ferro finché è caldo.

11) Al pan, pan, y al vino, vino.

Pane al pane e vino al vino.

12) Allá donde fueres, haz como vieres.

Paese che vai, usanza che trovi.

<u>Letteralmente</u>: Là dove andrai, fa' come vedrai.

13) **Aquí hay gato encerrado.**

Qui gatta ci cova.

14) **Aunque la mona se vista de seda, mona se queda.**

Chi nasce tondo, non muore quadro.

Letteralmente: Anche se la scimmia si veste di seta, sempre scimmia rimane.

15) **Bien está lo que bien acaba.**

Tutto è bene quel che finisce bene.

16) **Cría cuervos, y te sacarán los ojos.**

Cresci figli cresci sbirri.

Letteralmente: Alleva corvi e ti caveranno gli occhi.

17) **Cuentas claras, amistades largas.**

Patti chiari, amicizia lunga.

18) **Cuando el río suena, agua lleva.**

Non esiste corrispettivo nei proverbi italiani, almeno io non sono riuscito a trovarlo. *"Quando il fiume fa rumore, porta acqua"* significa che da un indizio o una diceria possiamo dedurre un fatto con un certo margine di certezza, perché il "rumor" in questione ha un qualche fondamento.

19) **Cuando el gato está ausente, los ratones se divierten.**

Cuando el gato no está, los ratones bailan.

Quando il gatto non c'è, i topi ballano.

20) **De nada sirve llorar sobre la leche derramada.**

A lo hecho, pecho.

È inutile piangere sul latte versato.

21) **Den al César lo que es de César (y a Dios lo que es de Dios).**

Dare a Cesare quel che è di Cesare.

22) **Del dicho al hecho hay gran trecho.**

Tra il dire e il fare c'è di mezzo il mare.

<u>Letteralmente</u>: tra il detto e il fatto c'è una lunga strada.

23) **De tal palo, tal astilla.**

Tale padre, tale figlio.
La mela non cade mai lontana dall'albero.

<u>Letteralmente</u>: Di tal legno, tale scheggia.

24) **Dime con quién andas y te diré quién eres.**

Dimmi con chi vai e ti dirò chi sei.

25) **Dios los cría y ellos se juntan.**

Dio li fa e poi li accoppia.

26) **El hábito no hace al monje.**

L'abito non fa il monaco. Le apparenze ingannano.

27) **El que la sigue la consigue.**

Chi la dura la vince.

28) **En casa del herrero, cuchillo de palo.**

La frase in italiano che più gli si avvicina è "*Il figlio del calzolaio va in giro con le scarpe rotte*". Questo proverbio spagnolo fa riferimento al fatto che spesso in un posto manca una cosa che sarebbe invece naturale e scontato che ci fosse. "*In casa del fabbro, coltello di legno*" (quando invece ci si aspetterebbe di trovare tutto di metallo).

29) **En el país de los ciegos, el tuerto es rey.**

In terra di ciechi, beato chi ha un occhio.

<u>Letteralmente</u>: Nel paese dei ciechi, l'orbo è re.

30) **En martes, ni te cases ni te embarques.**

Di Venere e di Marte né si sposa né si parte.

31) **En todas casas cuecen habas (y en la mía, a calderadas).**

Tutto il mondo è paese.

<u>Letteralmente</u>: in tutte le case cuociono le fave (e a casa mia, in grandi quantità).

32) **Gato dormilón no pilla ratón.**

Chi dorme non piglia pesci.

<u>Letteralmente</u>: il gatto dormiglione non piglia topi.

33) **Genio y figura hasta la sepultura.**
La cabra siempre tira al monte.

Il lupo perde il pelo ma non il vizio.

<u>Letteralmente</u>: Carattere e aspetto fino alla tomba. La capra tenderà sempre ad andare verso il monte.

34) **Hecha la ley, hecha la trampa.**

Fatta la legge, trovato l'inganno.

35) **Hablando del rey de Roma, por la puerta asoma.**

Parli del diavolo e spuntano le corna.

<u>Letteralmente</u>: Parlando del re di Roma, eccolo che spunta dalla porta.

36) **Hombre prevenido vale por dos.**

Uomo avvisato, mezzo salvato.

<u>Letteralmente</u>: vale per due.

37) **La belleza está en los ojos de quien la mira.**

Non è bello ciò che è bello ma è bello ciò che piace. La bellezza sta negli occhi di chi guarda.

38) **La curiosidad mató al gato.**
Tanto va el cántaro a la fuente, que al final se rompe.

Tanto va la gatta al lardo che ci lascia lo zampino.

<u>Letteralmente</u>: Tanto va la brocca alla fontana che alla fine si rompe.

39) **La gallina de mi vecina más huevos pone que la mía.**

L'erba del vicino è sempre più verde.

<u>Letteralmente</u>: la gallina della mia vicina cova più uova della mia.

40) **La ocasión hace al ladrón.**

L'occasione fa l'uomo ladro.

41) **La pereza es la madre de todos los vicios.**

L'ozio è il padre dei vizi.

42) **La variedad es la sal de la vida.**

Il mondo è bello perché è vario.

43) **Las desgracias nunca vienen solas.**

Le disgrazie non vengono mai sole.

44) Le dijo la sartén al cazo / a la caldera).

Il bue che dice cornuto all'asino.

<u>Letteralmente</u>: gli disse la padella al pentolino.

45) Los trapos sucios se lavan en casa.

I panni sporchi si lavano in casa.

46) Más vale estar solo que mal acompañado.

Meglio soli che mal accompagnati.

47) Más vale pájaro en mano que ciento volando.

Meglio un uovo oggi che una gallina domani.

<u>Letteralmente</u>: meglio un uccello tra le mani che cento ancora in volo.

48) Más vale prevenir que curar.

Meglio prevenire che curare.

49) **Más vale tarde que nunca.**

Meglio tardi che mai.

50) **Mientras hay vida hay esperanza.**

Finché c'è vita c'è speranza.

51) **No dejes para mañana lo que puedas hacer hoy.**

Non rimandare a domani quello che potresti fare oggi.

52) **No es oro todo lo que reluce.**

Non è tutto oro quel che luccica.

53) **No hay mal que por bien no venga.**

Non tutti i mali vengono per nuocere.

54) **No hay peor sordo que el que no quiere oír.**

Non c'è peggior sordo di chi non vuol sentire.

55) **No hay rosa sin espinas.**

Non c'è rosa senza spine.

56) **No maten al mensajero.**

Ambasciator non porta pena.

57) **No se ganó Zamora en una hora (ni Roma se fundó luego toda).**

Roma non fu costruita in un giorno.

Letteralmente: non si conquistò Zamora in un'ora.

58) **No se puede estar en misa y repicando (en la procesión).**

Non si può avere la botte piena e la moglie ubriaca.

Letteralmente: non si può stare a messa e suonare anche la campana.

59) **No vendas la piel del oso antes de cazarlo (o matarlo).**

Non dire gatto se non ce l'hai nel sacco.

<u>Letteralmente</u>: non vendere la pelle dell'orso prima di cacciarlo/ucciderlo.

60) **Obra empezada medio acabada.**
Quien bien empieza bien acaba.

Chi ben comincia è a metà dell'opera.

61) **Ojo por ojo, diente por diente.**

Occhio per occhio, dente per dente.

62) **Ojos que no ven, corazón que no siente.**

Occhio non vede, cuore non duole.
Lontano dagli occhi, lontano dal cuore.

63) **Perro ladrador, poco mordedor.**

Can che abbaia non morde.

64) **Por la boca muere el pez.**

Un bel tacere non fu mai scritto. Boccaccia mia, statti zitta!

Si riferisce al fatto che il pesce muore per aver aperto la bocca e abboccato per questo all'amo e, in senso lato, al fatto che spesso il troppo parlare può causare danno o farci pentire di quello che abbiamo detto.

65) **Quien a buen árbol se arrima, buena sombra le cobija.**

"Chi a buon albero s'appoggia, buon'ombra lo ricopre" sta a significare che chi si fa raccomandare/proteggere da qualcuno di influente o potente ha le spalle coperte e godrà di favori e benefici.

66) **Quien a hierro mata, a hierro muere.**

Chi di spade ferisce, di spade perisce.

67) **Quien calla, otorga.**

Chi tace acconsente.

68) Quien con niños se acuesta, mojado se levanta.

Chi va con lo zoppo impara a zoppicare.

<u>Letteralmente</u>: chi si corica coi bambini, si alza bagnato.

69) Quien fue a Sevilla perdió su silla.

Chi va a Roma perde la poltrona.
Chi va via perde il posto all'osteria.

70) Quien mucho abarca, poco aprieta.

Chi troppo vuole nulla stringe.

71) Quien no arriesga nada gana.

Chi non risica non rosica.

72) Quien siembra vientos recoge tempestades.

Chi semina vento raccoglie tempesta.

73) **Una golondrina no hace verano.**

Una rondine non fa primavera.

<u>Letteralmente</u>: una rondine non fa estate.

74) **Vivieron felices y comieron perdices.**

E vissero tutti felici e contenti.

<u>Letteralmente</u>: vissero felici e mangiarono pernici.

Modi di Dire
(Modismos)

75) **Andarse con rodeos.**

Andarse / Irse por las ramas: tergiversare, non andare al punto, menare il can per l'aia.

Esempio: *Es necesario que el Consejo deje de andarse con rodeos y se dedique a las decisiones más importantes.*

76) **Buscar una aguja en un pajar**: cercare un ago in un pagliaio.

Esempio: *Encontrar la documentación necesaria va a ser como buscar una aguja en un pajar.*

77) **Buscarle el pelo al huevo / Buscar la quinta pata al gato**: cercare il pelo nell'uovo.

Esempio: *Cuando termino un trabajo en la oficina, tengo siempre miedo a que mi jefe le busque el pelo al huevo.*

78) **Cuando las ranas críen pelo:** "quando le rane creano capelli" si usa per indicare una cosa impossibile.

Esempio: *Me voy a casar cuando las ranas críen pelo.*

79) **Echar todo a rodar**: mandare tutto a rotoli, alle ortiche, all'aria.

Esempio: *A pesar de que su carrera tuvo un rápido desarrollo, el actor echó todo a rodar.*

80) **En un abrir y cerrar de ojos:** in un batter di ciglia.

Esempio: *Nuestros niños han crecido en un abrir y cerrar de ojos.*

81) **Encogerse de hombros**: fare spallucce, stringersi nelle spalle.

Esempio: *Por toda respuesta, se encogió de hombros y se fue.*

82) **Es harina de otro costal:** "È farina di un altro sacco" significa è un altro paio di maniche, è tutt'altra cosa.

Esempio: *Pero hacer de este proyecto una realidad es harina de otro costal.*

83) **Estar a dos velas**: ritrovarsi senza soldi, essere al verde.

Esempio: *No puedo pagar el recibo del gas, estoy a dos velas.*

84) **Estirar la pata**: "allungare, stiracchiare la gamba" significa tirare le cuoia, crepare.

Esempio: *Hoy no es peor que cualquier otro día para estirar la pata.*

85) **Hacer la vista gorda**: chiudere un occhio, far finta di niente.

Esempio: *A veces hacemos la vista gorda si el cliente paga puntualmente.*

86) **Hacer oídos sordos**: fare orecchie da mercante, ignorare.

Esempio: *Italia y Estados Unidos no podrán hacer oídos sordos y no tener en cuenta nuestras propuestas.*

87) **Ir al grano / Ir al meollo del asunto**: andare al sodo, venire al punto, al nocciolo della questione.

Esempio: *Permítanme ir al grano y decir que estoy pensando en qué decisión tomar.*

88) **La guinda del pastel / La frutilla del postre**: la ciliegina sulla torta.

Esempio: *La guinda del pastel sería ganar las elecciones.*

89) **La suerte está echada**: il dado è tratto.

Esempio: *La suerte está echada, no hay que hacer nada más.*

90) **Llover a cántaros**: piovere a catinelle.

Esempio: *Fuera está lloviendo a cántaros.*

91) **Llover sobre mojado**: piove sul bagnato.

Esempio: *Lamentablemente, como sucede a menudo, llueve sobre mojado.*

92) **Machacar en hierro frío**: "battere sul ferro freddo" corrisponde a una perdita di tempo. Come andare a rubare in casa dei ladri, fare un buco nell'acqua.

Esempio: *Las excavaciones arqueológicas para descubrir manufacturas han resultado ser como machacar en hierro frío.*

93) **Matar dos pájaros de un tiro**: prendere due piccioni con una fava.

Esempio: *Actuando de este modo podríamos matar dos pájaros de un tiro.*

94) ¡Me cago en la leche.

Me cago en Dios.

Me cago en tu puta madre (*variante con disprezzo verso l'interlocutore*)

Me cago en tus muertos (*variante con cui si bestemmia contro i morti dell'altro*)

Me cago en diez.

Me cago en la hostia: Porca puttana! Cazzo! Che palle!

95) **Me suena a chino**: per me è arabo.

Esempio: *A menudo el contenido de la Biblia a mí me suena a chino.*

96) **Pagar a pachas**: pagare alla romana, ognuno per sé.

97) **Poner el carro delante del caballo**: mettere il carro davanti ai buoi.

Esempio: *Justificarse equivale a poner el carro delante del caballo.*

98) **Salir de la sartén para caer al fuego**: passare dalla padella alla brace.

Esempio: *Con esta propuesta del Gobierno hemos salido de la sartén para caer al fuego.*

99) **Tener mucha cara**: avere la faccia tosta.

Esempio: *Hay que tener mucha cara para decir que el éxito de la campaña publicitaria es obra suya.*

100) **Tener un cocodrilo en el bolsillo**: avere il braccino corto.

Esempio: *Cuando se trata de pagar los gastos, Guillermo parece tener un cocodrilo en el bolsillo.*

101) **Tener un humor de perros**: essere di pessimo umore, avere un diavolo per capello.

Esempio: *Es muy guapa y bonita, aunque tenga siempre un humor de perros.*

102) **Tirar faroles**: fare dei bluff, bluffare.

Esempio: *Hoy en día tirar faroles políticos es una estrategia muy frecuente.*

103) **Tirar la casa por la ventana**: "lanciare la casa dalla finestra" significa esagerare con le spese, sprecare i soldi.

Esempio: *Cuando se casó, tiró la casa por la ventana.*

104) **Tirar la toalla**: gettare la spugna, arrendersi.

Esempio: *Me vi obligado a tirar la toalla y dejar las cosas como estaban.*

105) **Tomar el pelo**: prendere per i fondelli, prendere in giro.

Esempio: *Clara es un poco ingenua, no se da cuenta de que están tomándole el pelo.*

106) **Tomar el rábano por las hojas**: "prendere il ravanello dalla parte delle foglie" significa prendere fischi per fiaschi.

Esempio: *Lo siento mucho, me he equivocado: he tomado el rábano por las hojas.*

107) **Tomar el toro por las astas / Agarrar el toro por los cuernos**: prendere il toro per le corna.

Esempio: *Tenemos que tomar el toro por las astas y hacer frente a esta situación.*

108) **Un hueso duro de roer / duro de pelar**: un osso duro, una gatta da pelare.

Esempio: *Convencer a María va a ser un hueso duro de roer.*

109) **Vivito y coleando**: vivo e vegeto, "sono ancora qui che scalcio" (Letteralmente: scodinzolando).

Esempio: *Afortunadamente, el rehén está vivito y coleando.*

110) **Hacer la pelota**: leccare il culo a qualcuno.

Esempio: *El chico hizo la pelota a la profesora para que le diera una nota alta.*

Grazie per aver scelto questo libriccino. Se lo hai trovato utile aiutami con una recensione o una valutazione in stelline.

Andrea